# El ESPIRITU SANTO y la REALIDAD

## WATCHMAN NEE

**Living Stream Ministry**

Anaheim, California • www.lsm.org

Primera edición: octubre de 1999.

ISBN 0-7363-0701-X

Traducido del inglés
Título original: *The Holy Spirit and Reality*
(Spanish Translation)

Publicado por

*Living Stream Ministry*
1853 W. Ball Road, Anaheim, CA 92804 U.S.A.
P. O. Box 2121, Anaheim, CA 92814 U.S.A.

*Impreso en los Estados Unidos de América*

02   03   04   05   06   /   9   8   7   6   5   4   3   2

# CONTENIDO

# INTRODUCCION

El mensaje de este libro abarca un importante tema de la vida cristiana: *el Espíritu Santo y la realidad.* El libro demuestra, con ejemplos concretos, que lo espiritual tiene una realidad palpable, la cual se encuentra en el Espíritu Santo, que es el que guía a los hombres a conocerla. El apéndice que aparece al final de este mensaje se refiere a una enfermedad que afecta la vida cristiana: la obsesión. Expone el fenómeno, muestra las causas y a la vez nos indica la manera que Dios nos muestra para ser librados de ella.

# EL ESPIRITU SANTO Y LA REALIDAD

Lectura bíblica: Jn. 4:24; 16:13; 1 Jn. 5:6

Los hijos de Dios deben comprender que para el Señor todo asunto espiritual tiene una realidad. Si sólo tocamos la apariencia, sin percibir la realidad, lo que tocamos no tiene ningún valor espiritual. ¿Qué es la realidad espiritual? Podemos decir que esta realidad es espiritual, no física. Por eso, aunque hablemos de ella, las palabras no son la realidad. Si bien la realidad divina se puede expresar en la viva diaria, las formalidades legales no son la realidad; e incluso, aunque también se puede manifestar en nuestra conducta, el esfuerzo humano tampoco es la realidad.

## ¿QUE ES LA REALIDAD ESPIRITUAL?

¿En qué consiste la realidad espiritual? El señor dijo: "Dios es Espíritu; y los que le adoran, en espíritu y con veracidad es necesario que adoren" (Jn. 4:24). La palabra "veracidad" también significa "realidad". El Señor dijo: "Pero cuando venga el Espíritu de realidad, El os guiará a toda la realidad" (Jn. 16:13). Y en 1 Juan 5:6 dice: "Y el Espíritu es el que da testimonio; porque el Espíritu es la realidad". Esto nos muestra que Dios es Espíritu; y por tanto, todo lo que se relaciona con El, tiene que llevarse a cabo en el espíritu. El Espíritu de verdad es el Espíritu de realidad. Por consiguiente, esta realidad espiritual tiene que estar en el Espíritu Santo, porque sólo lo que está en El es real. Esta realidad espiritual va más allá de las personas y cosas. Como podemos ver, el Espíritu Santo sustenta todo lo espiritual, así que lo que esté separado del Espíritu, viene a ser letras y prácticas lo cual es muerte. Para que lo espiritual sea real, vivo y orgánico, debe estar en el Espíritu Santo, el cual nos guía a toda realidad. En consecuencia, lo que recibimos por medio de los oídos, la mente, las sensaciones o de cualquier experiencia que adquiramos sin ser guiados por el Espíritu Santo, no es realidad espiritual. Debemos tener presente que cualquier obra que Dios realice es efectuada por el Espíritu Santo, quien es el ejecutor de todo lo espiritual. Sólo aquello que procede del Espíritu Santo es una realidad. Todo lo que se encuentra en el Espíritu Santo es realidad; así que, cuando alguien lo palpa, toca la vida. La realidad y la vida van juntas. Por consiguiente, si alguien quiere conservar la vida espiritual, debe prestar atención a la realidad espiritual. Cuando uno toca la realidad espiritual que está en el Espíritu Santo, inmediatamente responde con un amén cuando otros la tocan; y a la vez, en éstos se produce una reacción interna y un amén cuando se relacionan con uno. Este es el significado de Salmos 42:7, el cual dice: "Un abismo llama a otro". Podemos decir que la realidad hace un llamado a tocar la realidad. A continuación daremos algunos ejemplos concretos que explican lo que es esta realidad espiritual.

### Ejemplo uno

El Señor dijo a Nicodemo: "De cierto, de cierto te digo: El que no nace de agua y del Espíritu, no puede entrar en el reino de Dios" (Jn. 3:5). Pablo escribió a los santos de Roma: "¿O ignoráis que todos los que hemos sido bautizados en Cristo Jesús, hemos sido bautizados en Su muerte? Hemos sido, pues, sepultados juntamente con El en Su muerte por el bautismo, a fin de que como Cristo resucitó de los muertos por la gloria del Padre, así también nosotros andemos en novedad de vida. Porque si siendo injertados en El hemos crecido juntamente con El en la semejanza de Su muerte, ciertamente también lo seremos en la semejanza de Su resurrección" (Ro. 6:3-5). Tanto el Señor Jesús como Pablo hablaron de la realidad del bautismo.

Sin embargo, muchos sólo ven el bautismo desde el punto de vista físico y únicamente ven el agua. Así que, debido a que no tocan la realidad espiritual, para ellos una persona es regenerada por el simple hecho de ser sumergida en el agua. Otros abordan este tema desde una perspectiva intelectual y creen que el agua no regenera a nadie. Afirman que el bautismo de algunos es genuino e interno y que éstos entrarán al reino de Dios, pero que el de otros es falso y externo, y por tanto, no podrán entrar al reino de Dios. Quienes así piensan tampoco han tocado la realidad espiritual.

El Señor le mencionó a Nicodemo un bautismo que era una realidad. Pablo vio que el bautismo consistía en ser sepultado con el Señor, lo cual facultaba al creyente para andar en novedad de vida. El les dijo a los creyentes colosenses: "[Fuisteis] sepultados juntamente con El [Cristo] en el bautismo, en el cual fuisteis también resucitados juntamente con El" (Col. 2:12). Pablo vio que ser bautizado y ser sepultado son una sola cosa, y que el bautismo y la resurrección son una misma cosa. El entendió lo que significa ser sepultados y resucitados juntamente con el Señor. No se enfocó en las aguas bautismales, ni tampoco se interesó en averiguar cuál bautismo era verdadero y cuál falso. Su interés era la realidad del bautismo y de ella hablaba.

Hermanos, necesitamos ver que el bautismo es una realidad. Si vemos esto, espontáneamente sabremos lo que es el bautismo, y no nos detendremos a analizar si es verdadero o falso, ni si es objetivo o subjetivo. Ser bautizado es ser sepultados y resucitado juntamente con el Señor. Si vemos esta realidad, se desvanecerán las falsas ideas que tengamos y exclamaremos con gozo que el bautismo es grandioso, real y vasto. Si alguien dice que fue bautizado y que desea ser sepultado y resucitado juntamente con el Señor, todavía no ha tocado la realidad espiritual. Para esta persona el bautismo es una cosa, y ser sepultado y resucitar es otra. El que conoce la realidad espiritual, distingue entre ser sepultados y la resurrección y sabe, a la vez, que el bautismo contiene la muerte y la resurrección.

Hermanos, ¿hemos visto esto? Lo espiritual no se puede ver con los ojos físicos, ni se entiende usando la mente. Todo lo espiritual tiene sus propias verdades y una vez que las tocamos, se acaban todos los problemas.

### Ejemplo dos

Lo mismo sucede con el partimiento del pan en la mesa del

Señor. La noche en que el Señor Jesús fue traicionado tomó pan y bendijo, y lo partió, y dio a los discípulos, y dijo: "Tomad, comed; esto es Mi cuerpo. Y tomando la copa, y habiendo dado gracias, les dio, diciendo: Bebed de ella todos; porque esto es Mi sangre del pacto, que por muchos es derramada para perdón de pecados. Pero os digo que desde ahora no beberé más de este fruto de la vid..." (Mt. 26:26-29a). Algunos ven esto desde el punto de vista físico, y creen que una vez que el pan y la copa son bendecidos, el pan cambia de naturaleza, y llega a ser la carne del Señor, y que el vino se convierte en la sangre del Señor. Otros ven esto desde una perspectiva intelectual y argumentan que la substancia del pan y del vino no sufren ningún cambio, porque simplemente representan el cuerpo y la sangre del Señor. Sin embargo, la Palabra del Señor nos muestra que la cena del Señor no es un asunto ni de representación ni de cambio de substancia, sino una realidad espiritual. Cuando "tomamos y comemos", participamos de la realidad espiritual, y lo mismo sucede cuando bebemos de ella todos. El Señor dijo: "Esto es Mi cuerpo", no dijo: "Esto representa Mi cuerpo". También dijo: "Esto es Mi sangre del pacto", y añadió: "No beberé más de este fruto de la vid". Esto indica que el fruto de la vid ni se transforma en sangre ni la representa. El Señor hablaba de la realidad espiritual del pan y de la copa, no de representaciones ni de cambios de substancia. Y como El, Pablo también nos dice: "La copa de bendición que bendecimos, ¿no es la comunión de la sangre de Cristo? El pan que partimos, ¿no es la comunión del cuerpo de Cristo?" (1 Co. 10:16). Pablo dijo que el pan era el cuerpo de Cristo y que la copa era la sangre de Cristo; no una representación, ni un cambio de sustancia. Para él, el pan y la copa eran una realidad espiritual. Después de esto Pablo agrega: "Siendo uno solo el pan, nosotros, con ser muchos, somos un Cuerpo" (1 Co. 10:17) El no habría dicho esto si no hubiese tocado la realidad espiritual. Cuando uno explica algo, puede usar una descripción, una parábola, una narración o una figura retórica. No obstante, Pablo no se limita a una sola de estas formas. La expresión "nosotros, con ser muchos" describe un hecho concreto, pero en la misma oración usa la figura retórica "siendo uno solo el pan". Para él, la realidad espiritual es tan válida que después de decir: "Siendo uno solo el pan", añade: "Nosotros, con ser muchos".

Pablo no estaba preocupado por la estructura gramatical o sintáctica de las oraciones; él conocía verdaderamente al Señor. Cuando tomaba el pan, participaba del cuerpo de Cristo, y cuando tomaba la copa, participaba de la sangre de Cristo. Se salía de la esfera física, para entrar en la realidad espiritual. Para él, el lenguaje y la doctrina no tenían importancia porque había tocado la realidad espiritual.

**Ejemplo tres**

La iglesia es un tema aún más interesante. Cuando se habla de ella, algunos hacen diferencia entre la verdadera y la falsa. Pero el Señor le dijo a Pedro: "Y yo también te digo, que tú eres Pedro, y sobre esta roca edificaré Mi iglesia; y las puertas del Hades no prevalecerán contra ella. Y a ti te daré las llaves del reino de los cielos; y lo que ates en la tierra habrá sido atado en los cielos; y lo que desates en la tierra habrá sido desatado en los cielos" (Mt. 16:18-19). Para el Señor, ésta es la iglesia. La iglesia universal y las iglesias locales son verdaderas. La iglesia falsa no existe. El dijo: "Por tanto, si tu hermano peca contra ti, ve y repréndelo estando a solas tú y él; si te oye, has ganado a tu hermano. Mas si no te oye, toma contigo a uno o dos más, para que por boca de dos o tres testigos conste toda palabra. Si rehusa oírlos a ellos, dilo a la iglesia; y si también rehusa oír a la iglesia, tenle por gentil y recaudador de impuestos. De cierto os digo que todo lo que atéis en la tierra, habrá sido atado en el cielo; y todo lo que desatéis en la tierra, habrá sido desatado en el cielo" (Mt. 18:15-18). De acuerdo con estos versículos, si la iglesia dice que un hermano está bien, el Señor respalda su decisión; lo mismo sucede si la iglesia lo pronuncia equivocado. Una pregunta que siempre viene a nuestra mente es: ¿Y si al emitir un juicio, la iglesia se equivoca? En los versículo que ya mencionamos, el Señor se refirió a la realidad de la iglesia. Cuando el juicio es incorrecto es porque no procede de la realidad y, por supuesto, no viene del Espíritu Santo, sino del hombre. Para el Señor la iglesia es real y nadie puede cambiar este hecho.

Pablo dijo en sus epístolas que la iglesia es un pueblo llamado y santo, y es la casa de Dios (Ro. 1:7; 1 Co. 1:2; Ef. 2:22). El apóstol Juan reiteró lo dicho por Pablo. Las siete iglesias de Asia tenían muchos defectos; sin embargo, Juan las llama iglesias. El Señor Jesús también dijo: "Los siete candeleros son las siete iglesias" (Ap. 1:4, 20).

Para los apóstoles, los siete candeleros eran siete iglesias. Esto era una realidad. Para ellos, la iglesia falsa no existía. Esto no significa que no existan iglesias falsas en el mundo, sino que aquel que no ve la realidad de la iglesia, siempre ve algo malo en ella. Los que tienen una idea superficial de la iglesia dicen que sólo existe la iglesia verdadera; y aquellos que la ven mentalmente, dicen que hay iglesias falsas y verdaderas. Pero para quienes han tocado la realidad espiritual, la iglesia es espiritual.

Quisiera compartir algo en cuanto a la práctica de la vida del Cuerpo. Es importante que veamos que la vida del Cuerpo no consiste en comportarse según ciertas reglas, sino que es un asunto de realidad espiritual. Cuando tenemos esta realidad tocamos la iglesia, y como resultado, no actuamos en forma independiente, sino que seguimos el mover del Cuerpo en todo lo que hacemos. Supongamos que tenemos que hacer algo importante y queremos practicar la vida del Cuerpo. Esto no significa que debemos llamar a todos los hermanos a fin de discutir el asunto, para luego llegar a un acuerdo y actuar siguiendo un procedimiento específico y ortodoxo. Pero sí debemos tener comunión con otros hermanos (sin importar cuántos sean), y tocar la realidad de la vida del Cuerpo. Si no tocamos la realidad espiritual, aunque recibamos la aprobación unánime de toda la congregación, lo que obtendremos será simplemente opiniones procedentes de la carne. Unicamente los que tocan la realidad espiritual pueden vivir la vida del Cuerpo. El capítulo 15 del libro de Hechos nos muestra lo que es la vida del Cuerpo. Los hermanos se reunieron para discutir si debían circuncidar a los gentiles, y Jacobo, al final, expresó una decisión que procedía del Espíritu Santo. En la carta que escribieron decía: "Porque ha parecido bien al Espíritu Santo, y a nosotros" (v. 28). Como podemos ver, la decisión fue del Espíritu Santo. Esto es tocar la realidad espiritual. Aunque Jacobo fue el que habló, los apóstoles y los ancianos, con toda la iglesia (v. 22), pudieron decir amén. Esta es la vida del Cuerpo, la cual podemos expresar cuando en el Espíritu Santo tocamos la realidad. Así que no es asunto de seguir un procedimiento correcto, sino de tocar la realidad espiritual.

Debemos comprender que para el Señor, la vida espiritual y todas las enseñanzas espirituales son una realidad. Si no tocamos la realidad, aunque expongamos la doctrina nítidamente, nuestras palabras no tendrán ningún valor espiritual. Lo mismo sucede con la realidad de la iglesia. Podemos hablar de ella continuamente, y sin embargo, estar en tinieblas, llenos de orgullo y engañándonos a nosotros mismos. Cuando tocamos la realidad espiritual, nuestra vida es auténtica y orgánica, y nuestras palabras no serán ni superficiales ni teóricas.

Una persona que toca la realidad espiritual, sabe si los demás también la han tocado y entrado en ella, simplemente al observar las acciones de ellos. Cuando una persona actúa siguiendo las indicaciones de la mente, la ley y los preceptos externos, sabemos que no ha tocado la realidad. Delante del Señor hay algo que la Biblia llama *realidad*. Cuando la tocamos, somos librados de las doctrinas, formalidades y pensamientos humanos. El bautismo, el partimiento del pan y la iglesia, llegan a ser realidades para nosotros; no simples ritos ni doctrinas.

### Ejemplo cuatro

Veamos nuevamente la adoración. En Juan 4 dice: "Dios es Espíritu; y los que le adoran, en espíritu y con veracidad es necesario que adoren" (v. 24). Ya dijimos que la palabra "veracidad" tiene el mismo significado que "realidad". El énfasis está en el espíritu; sin embargo, también menciona la realidad. Los que adoran a Dios, deben adorarlo en espíritu. Sólo lo que procede del espíritu es auténtico. No se debe adorar a Dios con las emociones, los sentimientos ni con la mente. La adoración a Dios debe ofrecerse en el espíritu y en la realidad. No hay otra manera de tocar la realidad espiritual. ¿Qué es la realidad? Es tocar a Dios en el espíritu, pues sólo lo que procede del espíritu es genuino. La adoración ritual no alcanza la norma. Y ¿qué decir de aquello que llaman adoración espiritual? Esta es, frecuentemente, indigna de un amén. Aunque no podemos detectar con exactitud lo que es, no obstante, percibimos que hay algo hueco en esa adoración. También están aquellos que adoran a Dios en verdad, a quienes, aunque no hablen, decimos amén. No sólo percibimos algo real, sino que tocamos la realidad que está en ellos.

### Ejemplo cinco

Es bueno dar gracias y alabar. No obstante, muchas de estas acciones son simplemente ritos, no lo que la Biblia describe como realidad. Hermanos, ¿no les ha sucedido que no les sale ningún amén cuando cierta persona da gracias y alaba, y que cuanto más la persona alaba, más frialdad sienten? La persona nota que hay algo no está bien; sin embargo, continúa hablando y alabando al Señor en voz alta, actuando como si nada sucediera. Lo que dice parece ser bueno, pero lo extraño es que no podemos decir amén. Es bueno agradecer y alabar al Señor, pero esto tiene que ser genuino. Otros se desbordan de regocijo, agradecimiento y alabanzas. No obstante, interiormente sentimos que algo no anda bien, que aquello no es correcto ni auténtico. Pero también vemos que un hermano no grita cuando agradece y alaba al Señor, ni parece tan gozoso, y su rostro está un poco triste y habla sin mucho entusiasmo; no obstante, sentimos un amén dentro de nosotros. Sentimos que está bien, que es genuino y que ha tocado la realidad.

### Ejemplo seis

La oración es otro ejemplo. Aparte de la oración ritualista, están las oraciones largas y aparentemente fervientes, que en lugar de producir un amén crean una atmósfera pesada. Esto se debe a que tales oraciones no tocan la realidad espiritual. Lucas 18 nos habla de un publicano y un fariseo que oraban en el templo. El publicano "se golpeaba el pecho, diciendo: Dios, sé propicio a mí, pecador" (v. 13). Esta es una oración que conmueve a otros; pero no podemos decir lo mismo de la del fariseo quien alababa a Dios en voz alta y se consideraba justo. Uno oraba a Dios, mientras que el otro "oraba para sí mismo" (v. 11). Las oraciones que son para uno mismo, incomodan a los demás. La oración genuina es breve y sencilla. Es una oración que toca la realidad y lo profundo de los oyentes, quienes espontáneamente responden con un amén.

### Ejemplo siete

La sangre del Señor Jesús, la cual limpia nuestra conciencia es otro ejemplo. Si lo vemos desde el punto de vista humano, esto es algo imposible. Cuando el Señor Jesús fue crucificado, ¿podía alguien tomar la sangre que El derramó y rociarla sobre sí a fin de limpiar su conciencia? No. El Espíritu Santo, quien es el ejecutor de todas las cosas espirituales, limpia nuestras conciencias, no con la sangre física del Señor, sino con su realidad espiritual. En el Espíritu Santo está toda la realidad; así que cuando tocamos esta realidad, tocamos la vida. Pero si lo único que tocamos son doctrinas, el resultado es muerte.

### Ejemplo ocho

En Romanos 6 dice que nuestro viejo hombre fue crucificado juntamente con Cristo (v. 6). Esto es un hecho. Algunos se preguntan cómo es posible que su viejo hombre haya sido crucificado, si ellos todavía están vivos. La razón es que sólo han tocado la doctrina, no la realidad espiritual. Debemos entender que no importa cuánto conozcamos una doctrina, si este conocimiento es teórico y no en el Espíritu Santo, no recibiremos vida. Si sólo tocamos la doctrina de la salvación, la justificación y la santificación, lo que adquirimos es simplemente conocimiento muerto. Una doctrina debe proceder del Espíritu Santo para que sea una realidad espiritual. Cuando tocamos esta realidad, tocamos la vida, la cual es vivificante y reconfortante.

Una persona puede dar un sermón aparentemente muy espiritual; sin embargo, lo que dice asfixia a los oyentes, porque lo que expresa no es la realidad. Sólo la realidad puede tocar la realidad en otros. Podemos recitar pasajes extensos, muchas citas bíblicas, e incluso lo que decimos puede parecer muy lógico; no obstante, aquellos que conocen la realidad saben que lo que hablamos no es auténtico.

## Ejemplo nueve

Otro ejemplo es el conocimiento de Cristo. El que conoce a Cristo según la apariencia, realmente no le conoce. El único conocimiento verdadero es el conocimiento que procede de la realidad. Cuando el Señor Jesús estaba en la tierra, aparentemente la gente lo tocaba y parecía conocerle, pero en realidad no era así. El conocimiento que tenían de El era externo y superficial. Sólo aquellos que tocaron la realidad verdaderamente le conocieron. El conocimiento que ellos tenían estaba en el espíritu. Debemos profundizar un poco más en la Biblia sobre este punto, pues conlleva una experiencia fundamental.

Cuando el Señor Jesús estuvo en la tierra, los hombres lo conocían según la apariencia física; no tuvieron un conocimiento interior de El. Examinemos lo que significa conocerle físicamente.

Los judíos conocían al Señor Jesús físicamente y, debido a eso, desde el principio mostraron una actitud arrogante. Por eso decían: "¿No es éste Jesús, el hijo de José, cuyo padre y madre nosotros conocemos?" (Jn. 6:42). Ellos conocían a Su padre y a Su madre y por eso pensaban que a El también lo conocían. Cuando el Señor Jesús vino a Su región, dijeron: "¿No es éste el carpintero, hijo de María, hermano de Jacobo, de José, de Judas y de Simón? ¿Y no están aquí con nosotros Sus hermanas? (Mr. 6:3). No solamente conocían a Sus padres, sino también a Sus hermanos y hermanas. Pero, ¿conocían realmente al Señor Jesús? No, no lo conocían. Aunque conocían a los padres del Señor y a Sus hermanos y hermanas, a El no lo conocían. Emitieron un juicio basados en el aspecto externo que rodeaba al Señor, no en la realidad.

Otro grupo tenía un conocimiento del Señor un poco más profundo que los judíos; no obstante, ellos no lo conocían interiormente. En Cesarea de Filipo, el Señor preguntó a los discípulos: "¿Quién dicen los hombres que es el Hijo del Hombre? Ellos le dijeron: Unos, Juan el bautista; otros, Elías; y otros, Jeremías, o uno de los profetas" (Mt. 16:13-14). Este conocimiento era mucho más avanzado que el de los judíos. Algunos decían que el Señor era Elías, quien fue un profeta poderoso y un símbolo de poder. En verdad, el Señor Jesús fue un profeta poderoso como lo había sido Elías. Otros decían que El era Jeremías, un profeta que lloraba constantemente y a quien podemos considerar el símbolo de las personas sensibles. El Señor Jesús fue como Jeremías, muy sensible. Como Elías, al reprender a los escribas y fariseos hipócritas, dijo ocho veces: "¡Ay de vosotros!" (Mt. 23:13-16, 23, 25, 27, 29); y cuando halló en el templo a los que vendían bueyes, ovejas y palomas, y a los cambistas allí sentados, esparció las monedas de los cambistas, y volcó las mesas (Jn. 2:15). Y lo vemos como Jeremías en ocasiones como aquella en que comió con los recaudadores de impuestos y los pecadores (Mt. 9:10), o cuando, reclinado a la mesa en casa de Simón, permitió que una mujer enjugara con lágrimas Sus pies (Lc. 7:37-38), o cuando se conmovió en Su espíritu y lloró al ver llorar a María y a los judíos que la acompañaban (Jn. 11:33, 35). No obstante, ya sea que le llamaran Elías o Jeremías, este conocimiento seguía siendo externo.

Al principio, el conocimiento que los discípulos tenían del Señor Jesús también era externo. Discípulos como Tomás y Felipe, que estuvieron con el Señor por mucho tiempo y que no tenían excusa, tampoco le conocían. El Señor dijo claramente: "Y a dónde Yo voy, ya sabéis el camino". No obstante, Tomás replicó: "Señor, no sabemos a dónde vas; ¿cómo, pues, podemos saber el camino?" (Jn. 14:4-5). Jesús le respondió: "Si me conocieseis, también a Mi padre conoceríais; y desde ahora le conocéis, y le habéis visto. Felipe le dijo: Señor, muéstranos el Padre, y nos basta" (vs. 7-8). Tomás y Felipe sólo conocían a Jesús como el nazareno. Tomás no le conocía como la vida, y Felipe no le conocía como la corporificación del Padre. Aunque estaban todo el tiempo con el Señor, el conocimiento que tenían de El era externo; no habían tocado la realidad.

Aunque los discípulos conocían al Señor más que los fariseos, ya que El había estado con ellos por mucho tiempo, en realidad no sabían quién era El. Ellos vieron al Señor, le oyeron y le tocaron con sus propias manos, mas no le conocieron. Esto nos muestra que para conocer al Señor, necesitamos un órgano más penetrante que nuestros ojos, más perceptivo que nuestros oídos, y más sensible que nuestras manos. Cristo es la realidad, la cual no se puede discernir por su aspecto exterior.

Un día Pedro le llegó a conocer internamente. Cuando el Señor preguntó: "Y vosotros, ¿quién decís que soy Yo? Respondiendo Simón Pedro, dijo: Tú eres el Cristo, el Hijo del Dios viviente. Entonces le respondió Jesús y dijo: Bienaventurado eres, Simón Barjona, porque no te lo reveló carne ni sangre, sino Mi Padre que está en los cielos" (Mt. 16:15-17). El Señor parece decirle: "Aunque me has seguido por mucho tiempo, el conocimiento que tenías en antes no era correcto; pero ahora eres bienaventurado, pues esto no te lo reveló ni carne ni sangre, sino mi Padre que está en los cielos". Este conocimiento era verdadero.

Sin revelación, aunque comiéramos, bebiéramos, camináramos y viviéramos con el Señor Jesús; no sabríamos quién es El. Sin revelación, el conocimiento de Cristo es superficial, histórico y según la carne. Para conocer a Cristo de una manera verdadera e interna, necesitamos una revelación como la que Pedro recibió.

Pablo dijo: "De manera que nosotros de aquí en adelante a nadie conocemos según la carne; y aun si a Cristo conocimos según la carne, ya no lo conocemos así" (2 Co. 5:16). Pablo había oído de Cristo según la carne, por eso no tenía temor de atacar el nombre de Jesús de Nazaret, ni de perseguir a Sus discípulos y castigarlos (Hch. 26:9-11). Pero después de que Dios le reveló a Su Hijo en su espíritu, Pablo empezó a anunciar la fe que anteriormente asolaba (Gá. 1:16, 23). El era un hombre diferente. Pablo tocó la realidad espiritual, y ya no conocía a Cristo según la carne.

El evangelio de Marcos narra la historia de una mujer que tenía flujo de sangre desde hacía doce años. "Cuando [ella] oyó lo que se decía de Jesús, vino por detrás entre la multitud, y tocó Su manto ... Y en seguida la fuente de su sangre se secó; y sintió en el cuerpo que estaba sana de aquella dolencia" (5:27, 28). El Señor sintió que de El había salido poder, y por eso dijo: "¿Quién ha tocado Mis vestidos? Sus discípulos le dijeron: Ves que la multitud te aprieta, y dices: ¿Quién me ha tocado?" (vs. 30-31). Aquí vemos dos grupos: aquellos que tocaban al Señor, y aquellos que lo apretaban. Los que lo apretaban sólo podían tocar a Cristo en la carne, pero aquella que lo tocó, lo tocó en verdad. El Señor no sintió a los que lo apretaban, pero si a quien lo tocó. ¡Qué lástima que entre tantos que lo apretaban sólo uno lo tocó! El Señor dijo: "Y en verdad os digo que muchas viudas había en Israel en los días de Elías, cuando el cielo fue cerrado por tres años y seis meses, y hubo una gran hambre en toda la tierra; pero a ninguna de ellas fue enviado Elías, sino a la ciudad de Sarepta de Sidón, a una mujer viuda. Y muchos leprosos había en Israel en tiempo del profeta Eliseo; pero ninguno de ellos fue limpiado, sino Naamán el sirio" (Lc. 4:25-27). Esta historia es similar a la de la mujer que fue sanada del flujo de sangre. No es un asunto que depende de la distancia ni del tiempo, sino de quién está apretando al Señor y quién está tocándolo. Si no tocamos la realidad, no cambiaremos aunque nos acerquemos y apretemos al Señor.

Aquellos que conocen a Cristo según la carne, realmente nunca lo han conocido. No es posible conocerlo utilizando nuestros sentidos de la vista, el oído o el tacto, porque sólo el Espíritu Santo imparte tal conocimiento. Sin el Espíritu Santo, aunque memorizáramos la historia del Señor, o lo apretáramos, escucháramos Su voz y nos arrodilláramos para orar, no podríamos conocer la realidad de Cristo. Si no tenemos el Espíritu Santo, no podemos tocar la realidad del Señor Jesús.

El Señor dijo: "Las palabras que Yo os he hablado son espíritu y son vida" (Jn. 6:63). Por tanto, una vez que tocamos al Espíritu Santo, tenemos vida; porque todo lo que procede de El es vida. Es imposible que uno no reciba vida cuando toca al Espíritu Santo. Tocar la realidad es recibir vida. Unos conocen al Señor por medio de otros hombres, y otros por medio de libros; pero ya sea que lean o escuchen, el vacío está en que no tocan al Señor mismo. El Cristo que uno recibe al leer o al escuchar, no se puede comparar con el Cristo verdadero, a quien sólo podemos conocer en el Espíritu Santo.

Algunos creyentes se desaniman pensando que a pesar de haber escuchado mensajes por muchos años y de haber adquirido mucho conocimiento, nada de lo que han aprendido les ha servido. Es como si su fe no tuviera fruto. La verdadera razón es que no han tocado la realidad. Si tratamos de tocar a Cristo con nuestras manos, no lo lograremos. Recordemos que el poder del Señor sanó a la mujer que lo tocó, no a los que lo apretaban. Una multitud lo apretaba, pero sólo una persona lo tocó. La eficacia de nuestra fe depende de si tocamos la realidad o no.

Debemos entender que al Cristo encarnado lo podían tocar ver y escuchar físicamente; pero el Cristo que está en el Espíritu Santo, sólo puede ser tocado por alguien que esté en el espíritu. Tocar al Cristo encarnado es diferente de tocar al Cristo en el Espíritu. Cuando el Señor Jesús estuvo en la tierra, ya había una diferencia entre el conocimiento externo y el interno. Esa misma diferencia existe hoy. Lo que en verdad importa es cómo le conozcamos. Si le conocemos mediante el Espíritu y tocamos la realidad espiritual de Cristo, tendremos un conocimiento interno que no podremos explicar. Cuando adquirimos este conocimiento interno, las dudas desaparecen. Necesitamos pedir que el Señor nos conceda un conocimiento, una visión verdadera, a fin de conocerle no según nosotros mismos, ni por Su manifestación en carne y sangre, sino conforme a la revelación del Padre que está en los cielos.

## Ejemplo diez

Es correcto perdonarse unos a otros, pero a veces vemos que un hermano perdona a otro con demasiada facilidad y en voz alta. Aunque lo perdones generosamente, interiormente sentiremos que algo no está bien, porque tal perdón no es genuino, sino deliberado. Esto es el resultado de no tocar la realidad. Otro hermano que es agraviado, se entristece y pierde el gozo; no obstante, piensa que Dios permitió que eso sucediera y perdona al que lo ofendió. El no declara en voz alta que el ofensor está perdonado ni lo hace público, ni tampoco parece ser indiferente, pero perdona. Esta es la actitud de uno que ha tocado la realidad espiritual.

## Ejemplo once

La humildad debe ser algo que deje una buena impresión en otros. Sin embargo, la humildad de ciertos creyentes es un simple esfuerzo humano. Aunque afirman que son sencillos, uno siente que es sólo una "humildad autoimpuesta" (Col. 2:18, 23). Dan la sensación que lo que expresan es fingido. Si fuera orgullo, sería fácil definirlo; pero ésta no sabemos precisar qué tipo de humildad sea. No podemos asegurar que sea orgullo, pero tampoco podemos afirmar que es humildad. Exteriormente parece humildad, pero no lo es. Hay otros que no se esfuerzan por ser humildes. Sin embargo, un pequeño comentario, o simplemente la expresión de sus rostros, ponen en evidencia nuestro orgullo y hacen que nos sintamos avergonzados; nosotros sabemos que sólo alguien así tiene algo de qué gloriarse, su humildad, y considera a los demás mejores que él mismo, y modestamente busca ayuda. Una persona así ha tocado la realidad de la humildad.

## Ejemplo doce

Examinemos de nuevo el ejemplo del amor. En 1 Corintios 13 se nos presenta un cuadro muy claro del amor. "Y si repartiese todos mis bienes para dar de comer a otros, y si entregase mi cuerpo para gloriarme" (v. 3). Es difícil encontrar este tipo de amor. En verdad, no hay amor más grande que éste; aún así, Pablo añade: "Y no tengo amor, nada me aprovecha" (v. 3). Esto significa que es posible repartir todos nuestros bienes para dar de comer a otros y entregar nuestros cuerpos sin tener amor. Dicho de otra manera, a menos que toquemos la realidad en el Espíritu, todo lo que hagamos es simplemente un comportamiento externo. Es posible repartir todos los bienes para alimentar a otros y aun entregar el cuerpo, y aún así, no tener amor. No obstante, "cualquiera que dé a uno de estos pequeñitos un vaso de agua fría ... de ninguna manera perderá su recompensa" (Mt. 10:42). La pregunta básica no es cuánto da uno ni cómo lo hace, sino si ha tocado la realidad o no. Lo único verdadero es tocar la realidad por medio del Espíritu del Señor.

Debemos entender que ante Dios, no podemos pretender ser algo que no somos. El amor de algunos es "tan grande" que uno se pregunta si tal amor es auténtico. Ciertos creyentes tienen ese "gran amor", que hasta parece que no fueran humanos. Esto hace que los demás duden de la autenticidad de ese amor. Al leer 2 Corintios nos damos cuenta de que Pablo fue censurado, difamado y afligido con mucho dolor y penas; sin embargo, venció sobre todo ello. Su victoria fue la victoria de un hombre, no la de un ángel. El, un hombre genuino, venció y así obtuvo una victoria fehaciente. Por medio del Espíritu de Dios él tocó la realidad. Cuando leemos sus escritos, no podemos más que inclinarnos y reconocer que este hombre, tan cercano a nosotros, a quien casi podemos tocar, que nunca tuvo un rango como el de Miguel o Gabriel ni vivió como un querubín, y a quien podemos entender, tenía la realidad espiritual. Por eso, cuando tocamos a un hombre como éste, tocamos la vida.

## LA CONDUCTA Y LA REALIDAD

Debemos tener presente que existe algo que se llama realidad. El problema de muchos creyentes es que tratan de hacer algo para lograr que las cosas sean reales. Sin embargo, lo que expresan no es real. Muchos cristianos tratan de fabricar cierta clase de "realidad", tratan de imitar y copiar. Pero esto no es lo que Dios quiere; lo que a El le interesa es la realidad que manifestemos. Lo que sale de nuestros propios esfuerzos es artificial y fabricado; no es real. Debemos ver lo vano que es actuar según las doctrinas, las cuales lo único que hacen es crear una actitud exterior falsa.

Así que, tenemos que aprender a vivir delante del Señor como lo que realmente *somos*. Debemos pedir a Dios que nos ayude a tocar la realidad que se encuentra detrás de lo espiritual. Cuando tenemos mucho conocimiento doctrinal, corremos el riesgo de ser falsos, ya que vivimos según las doctrinas, y no según la dirección del Espíritu de Dios. Si andamos conforme a las doctrinas, no podemos tocar la realidad.

Un hermano relató la siguiente experiencia: "Una vez un hermano vino y dijo algo que me ofendió mucho. Sin embargo, yo le respondí que no importaba, que no había ningún problema. Pero dentro de mí pensé que eso no estaba bien; que él siempre hacía lo mismo, y no sólo a mí. Tuve la intención de reprenderlo, pero no lo hice porque pensé que él iba a creer que yo no perdonaba; y podía ofenderse. Por otro lado, si estrechaba su mano y lo invitaba a comer, iba a parecer que estaba practicando el amor fraternal. Mientras pensaba en esto, creí necesario hablar con él y decirle que lo que me había dicho no era correcto. Luché con este pensamiento por un cuarto de hora, hasta que finalmente decidí hacerlo". Muchas veces es mejor reprender que estrechar la mano. Podemos ser amables por fuera y ganar así la alabanza de otros, pero delante de Dios este comportamiento no tiene ningún valor. Lo importante es que nuestra conducta sea el resultado de la guía del Espíritu y no el producto de doctrinas muertas. Este hermano en verdad amaba de corazón al ofensor; pero no importaba si lo amaba de corazón o no, sino si había realidad espiritual.

En una ocasión, un hermano tuvo una discusión en su casa, y como resultado, un miembro de su familia lo abofeteó. En ese instante él recordó las palabras de Mateo 5 que dicen: "A cualquiera que te abofetee en la mejilla derecha, vuélvele también la otra" (v. 39). Y pensó que debía actuar como un buen cristiano, así que le volvió la otra mejilla. Pero después, no pudo dormir bien por dos noches. En lo que se refiere a su conducta, él actuó conforme a la Escritura; no obstante, estaba tan disgustado que no podía dormir. Esto significa que no había tocado la realidad espiritual, por eso su conducta no fue genuina ni procedía de la vida.

Muchos creyentes no pueden diferenciar entre lo genuino y lo falso; ni entre lo que es de Dios y lo que no lo es. Esto se debe a que no han tocado la realidad espiritual. Cuando la tocamos, discernimos automáticamente entre lo genuino y lo falso, y nadie podrá engañarnos. La capacidad de discernir viene de nuestra visión. El creyente que haya sido salvo genuinamente, por lo menos en lo relacionado con la salvación, ha tocado la realidad espiritual. No es fácil que alguien lo engañe en este asunto. Cuando palpamos la realidad espiritual, espontáneamente notamos cuando está ausente en cualquier asunto. Un poder inexplicable dentro de nosotros rechaza lo que no es genuino.

Si nos engañan fácilmente es porque nos engañamos a nosotros mismos, y cuando esto sucede, somos presa fácil. Si no se ciega y no se conoce a sí mismo, tampoco puede conocer a otros. Pero cuando Dios nos disciplina, nos toca, nos instruye, entonces nos conocemos a nosotros mismos, tocamos algo real y sabemos cómo actúa el Espíritu de Dios en nosotros; al conversar con una persona, inmediatamente sabremos si actúa por sí misma o por el Espíritu de Dios. El discernimiento espiritual es el resultado de tocar la realidad espiritual. Aquellos que no han palpado la realidad, se engañan a sí mismos y a los que están en la misma condición espiritual. No pueden engañar a aquellos que reconocen lo que es del Espíritu y que saben lo que es vivir en el Espíritu. Tampoco pueden engañar a la iglesia. Piensan que son espirituales, pero lo extraño es que la iglesia nunca les dice amén. Cuando la iglesia no nos responda con un amén, debemos confesar nuestros pecados. Si los hermanos no responden con un amén, esto significa que no tenemos realidad.

Muchos hermanos afligen y cargan a la iglesia, no solamente con sus pecados, sino también con su "buena" conducta. Es fácil detectar el pecado y saber quienes están lejos de Dios y de la realidad espiritual, pero no sucede lo mismo con la buena conducta, la cual se origina en el hombre mismo. Muchos creyentes no han tocado la realidad espiritual, y lo que hacen no tiene nada que ver con la realidad. Sin embargo creen que tienen la verdad, lo cual causa aflicción y es un estorbo. El resultado de tocar la realidad es vida. Pero cuando no la tocamos, el resultado es muerte. Algunos, al hacer ciertas cosas, tocan la vida y estimulan a otros a tocarla. En cambio otros, a pesar de que hacen ciertas obras y se sienten satisfechos de ellas, no logran que los demás toquen la vida ni sean edificados. Los que en realidad tocan la vida, no dan importancia a esta clase de obras; por el contrario, les disgusta. Estas obras, que se originan en el yo no producen vida sino muerte.

Debemos aprender a vivir en el Espíritu; de lo contrario, realizaremos muchas "buenas" obras sin tocar la realidad espiritual. ¿Qué es vivir en el Espíritu? Es no laborar por uno mismo. Debemos entender que nuestra propia labor es carnal y, por ende, separada de la realidad espiritual. Puesto que esta realidad es espiritual, sólo se puede tocar por medio del Espíritu Santo; quien a su vez hace que cualquier obra que realicemos sea viva y verdadera. Ninguna obra que proceda de nuestra propia energía puede reemplazar lo que es auténtico, ni ayudar ni edificar a los demás. Quiera el Señor tener misericordia de nosotros y mostrarnos que sólo los que viven en el Espíritu viven en la realidad espiritual.

## EL SUMINISTRO Y LA REALIDAD

En 2 Corintios 4 se nos dice que donde está la realidad, ahí está la provisión. Leemos: "Llevando en el cuerpo siempre por todas partes la muerte de Jesús, para que también la vida de Jesús se manifieste en nuestros cuerpos" (v. 10). Esto nos muestra que cuando la muerte de Jesús se manifiesta, Su vida también se manifiesta. Dicho de otra manera, cuando en nosotros se ve la muerte de Jesús, también se puede ver Su vida. Si un grupo de hermanos llega a conocer la muerte de Jesús, la vida de El se manifiesta en ellos. Pablo añade: "De manera que la muerte actúa en nosotros, mas en vosotros la vida" (v. 12). En el versículo 10, él habla de la manifestación de la vida, y en el 12, del suministro de la vida. Cuando esta manifestación está en nosotros, es la vida; y cuando está en otros, es el suministro; pero la fuente es la misma: la muerte de Jesús. Por tanto, las predicaciones huecas que no han tocado la realidad son vanas y no suministran nada al Cuerpo de Cristo. Cuando la muerte de Jesús opera en nosotros, Su vida también opera. Lo importante no es predicar ni de laborar, sino suministrar vida. Es indudable que la predicación tiene su función, pero si carece de realidad, no suministrará vida. Cuando "la muerte de Jesús" está en nosotros, el Cuerpo de Cristo es abastecido. Si no conocemos el significado de "la muerte de Jesús" ni hemos llevado la cruz en silencio, carecemos de esta provisión. Hermanos, en relación con la realidad espiritual, ninguna obra la debe desempeñar uno solo. Cuando pasamos por una situación y tocamos la realidad, el Cuerpo de Cristo espontáneamente recibe su provisión. La muerte de Jesús actúa en nosotros, y el Cuerpo de Cristo espontáneamente recibe el suministro.

Por lo tanto, no necesitamos divulgar que perdonamos a alguien, ni proclamar que lo amamos. Tampoco debemos llamar la atención poniendo una cara de "estoy llevando la cruz". Si tocamos la realidad espiritual, espontáneamente otros recibirán el suministro. Posiblemente no estemos conscientes de que estamos alimentando a los demás, sentir, pero es un hecho: la muerte opera en nosotros, mas en vosotros la vida.

Nuestro problema es que tenemos demasiadas doctrinas, de tal manera que nos conducimos según enseñanzas, sin tener el suministro de la realidad. Necesitamos entender que la buena conducta no es el suministro, pues éste proviene de la realidad. Si sabemos lo que significa "la muerte de Jesús", entonces "la vida de Jesús" operará en la iglesia espontáneamente y recibirá su provisión espontáneamente. Damos el suministro para impartir vida y edificar, no para exhibir nuestra propia obra ni difundir experiencias personales. Lo más importante que debemos hacer es adquirir el suministro por medio de la realidad. Cada vez que experimentemos algo de la muerte de Jesús, los hermanos recibirán el suministro de la vida. No es necesario esperar hasta que se escriba nuestra biografía para que los santos reciban esta provisión divina, porque tan pronto recibimos la vida del Señor, la iglesia obtiene dicha provisión.

Debemos entender que la ayuda que muchos reciben trasciende el estado consciente y la percepción. Si tenemos la realidad, los demás reciben el suministro, aunque no se den cuenta. La vida es un hecho. Si en verdad llevamos la cruz, el Cuerpo de Cristo recibe el suministro. Pero si no sabemos lo que significa la suministración de vida, no entenderemos lo que dijo Pablo: "La muerte actúa en nosotros, mas en vosotros la vida". Además, les dijo a los colosenses: "Ahora me gozo en lo que padezco por vosotros, y de mi parte completo en mi carne lo que falta de las aflicciones de Cristo por Su cuerpo, que es la iglesia" (Col. 1:24). Esto se refiere al suministro de vida. Si vemos que el Cuerpo de Cristo es uno solo, espontáneamente le daremos su suministro. Por esta razón

Pablo pudo sufrir a causa del Cuerpo de Cristo, y pudo completar en su carne lo que faltaba de las aflicciones de Cristo. Si no vemos que el Cuerpo de Cristo es uno solo, no podremos comprender que las aflicciones de Cristo están siendo completadas.

Que el Señor abra nuestros ojos para que veamos que el Cuerpo es uno. Si verdaderamente vemos esto, nos daremos cuenta de que todo lo que tenemos lo hemos recibido (1 Co. 4:7), y a su vez llega a ser un suministro para otros. La realidad que tocamos a solas ante Dios, llega a ser el abastecimiento para todo el Cuerpo. El suministro del Cuerpo trasciende el contacto físico. Pablo dijo a la iglesia de Corinto: "Pues yo, por mi parte, aunque ausente en cuerpo, pero presente en espíritu, ya como presente he juzgado al que tal cosa ha hecho" (5:3). Pablo tocó la realidad del Cuerpo, por eso podía decir que estaba presente con ellos en su espíritu, como si hubiera estado presente físicamente. Esto no era un deseo, era la realidad. Si podemos ver que el cuerpo de Cristo es uno solo, nuestro espíritu estará con el Cuerpo. Esto es el suministro de vida, el cual va más allá de las palabras, las obras y todo contacto físico. Si conocemos a Dios y estamos en contacto con El, todas nuestras experiencias vendrán a ser las riquezas del Cuerpo.

Es una pena que muchos creyentes continúen viviendo por las apariencias. Dan la sensación de que sólo pueden compartir cuando están laborando para el Señor, o que reservan el suministro para aquellos con los que se entienden bien. Sólo cuando hablan parecen ser los mejores siervos de Dios. Ellos no han tocado la realidad espiritual. Debido a esto, no pueden suministrar vida al Cuerpo de Cristo. Hay hermanos que son muy callados, pero cuando hablan, aunque sólo sea por cinco minutos, uno recibe un suministro abundante. El Cuerpo de Cristo es una realidad, y como miembros recibimos el suministro por experimentar y recibir de parte de Dios "la muerte de Jesús", y no simplemente por estrechar las manos de los santos, ni por hablar con ellos en persona. Esto es lo que suministra vida al Cuerpo de Cristo. Por consiguiente, hermanos y hermanas, no necesitamos laborar conscientemente ni inventar nada para abastecer a otros, porque este suministro es espontáneo y es el resultado de conocer al Señor interiormente. En la experiencia de Pablo, el Cuerpo de Cristo recibe su provisión de la realidad, no de esfuerzos humanos. Si hemos tenido una experiencia genuina delante del Señor, espontáneamente suministramos vida a la iglesia, la cual recibirá espontáneamente el beneficio.

Lo que Pablo expresó fue muy particular. Habría sido más simple si hubiera dicho que la muerte y la vida de Jesús operaban en él. Pero lo que dijo fue que mientras la muerte de Jesús operaba en él, la vida de Jesús operaba en otros. Es difícil entender esto si no conocemos el Cuerpo de Cristo. Puesto que el Cuerpo es uno solo, lo que opera en mí, espontáneamente opera en los demás miembros. Esta es la vida y la provisión. Ver esto nos causa gozo. Todo lo que cada miembro recibe de la Cabeza, lo podemos encontrar en el Cuerpo, porque todos participamos del mismo cuerpo. Hermanos, si tocamos esta realidad, nunca pensaremos que la iglesia es pobre ni que está desolada. Admitimos que si nos fijamos en la apariencia, la iglesia da la impresión de estar pobre y desolada, y que los creyentes individualmente y en conjunto son un fracaso. Pero cuando tocamos la realidad de la iglesia, vemos que en ella no hay pobreza ni desolación. Los defectos de los creyentes o de grupos cristianos no menguan las riquezas de la iglesia. Día tras día, todo lo que los miembros reciben de Cristo, la Cabeza, es suministrado a toda la iglesia. Pablo tocó la realidad espiritual y, como resultado, pudo, por un lado, reprender a la iglesia en Corinto, y por otro, suministrarle vida.

En Efesios 4:13 dice: "Hasta que todos lleguemos a la unidad de la fe y del pleno conocimiento del Hijo de Dios, a un hombre de plena madurez, a la medida de la estatura de la plenitud de Cristo". Si nos encerramos en nuestra mente a analizar las apariencias, es difícil entender este versículo. Externamente, parece como si la unidad de la fe fuera un imposible. Es difícil creer que la iglesia pueda llegar a esta unidad. Pero cuando tocamos la realidad espiritual, toda duda desaparece y vemos que a los ojos de Dios, la iglesia es una sola entidad y no se puede dividir. Cuando vemos y tocamos la realidad, no sólo desaparecen todas las dificultades externas, sino que empezamos a abastecer a los demás. Si no hemos visto la realidad, tampoco tenemos el suministro. Esto se debe a que el suministro está basado en la experiencia de la cruz y en el contacto con la realidad del Cuerpo. Tenemos que entender que ministramos la Palabra sobre la base de lo que ya hemos impartido en vida a la iglesia. Hermanos, si lo que hablamos es lo mismo que ya le impartimos a la iglesia, el Espíritu Santo dará testimonio de nuestras palabras. Así que, cuando compartimos en vida cierto asunto con la iglesia, nuestras palabras son de mucha ayuda. Pero si nuestras palabras simplemente son la expresión de pensamientos claros y conocimiento, el resultado será frutos del árbol del conocimiento del bien y del mal. El alimento de la iglesia es la vida; y sólo el suministro de vida puede alimentarla. El asunto no es qué podemos dar a otros, sino qué hemos dado a la iglesia. ¿Cuál ha sido nuestro aporte a la iglesia? Cuando estamos ante la iglesia, ¿de qué manera contribuimos? Si no hemos tocado la realidad, no tenemos nada qué suministrar a otros. Lo espiritual y la realidad que está detrás de nuestras palabras, son el suministro de la iglesia.

Algunos creyentes piensan que el Cuerpo de Cristo es sólo una comparación; no ven la realidad del Cuerpo y por eso no saben proveer para otros. Si no vemos el Cuerpo, no podemos suministrar vida. En el Cuerpo, cuando la boca come, todo el Cuerpo come; lo que los ojos ven, lo ve todo el Cuerpo; y lo que oyen los oídos, lo oye todo el Cuerpo. Cuando un miembro recibe algo, todo el Cuerpo lo recibe. No importa cuál hermano o hermana sea el que reciba para que todo el Cuerpo lo obtenga también. Tenemos que ver que la vida del Cuerpo no es un asunto de vivir comunitariamente, sino de vida. Si no tocamos la realidad, la iglesia no pasará de ser una doctrina, el Cuerpo sólo será un ejemplo, y nosotros no recibiremos ningún suministro. Hermanos, somos miembros del Cuerpo; todos somos un solo Cuerpo. No estamos solos. Pablo dijo: "De manera que si un miembro padece, todos los miembros se duelen con él, y si un miembro recibe honra, todos los miembros con él se gozan" (1 Co. 12:26). ¿Es esto palabras vanas, o es una realidad? Pablo era una persona consciente del Cuerpo. Si él no hubiera tocado la realidad del Cuerpo, no habría podido decir estas palabras. Quiera Dios concedernos tocar la fuente y la realidad para que así podamos suministrar vida a la iglesia de una forma espontánea.

## LOS INTERROGANTES Y LA REALIDAD

Si no vemos la realidad espiritual, tendremos muchos interrogantes. Si hemos oído acerca de una persona, pero nunca la hemos visto, haremos toda clase de preguntas acerca de ella cuando nos encontremos con alguien que la conoce. Pero hay una persona a la que uno conoce muy bien y de la cual no tiene que preguntar a nadie: uno mismo. Nosotros mismos somos una realidad que conocemos bien. Cuando entramos a una casa en la que nunca hemos estado, preguntamos cuántos cuartos tiene y de qué tamaño son las ventanas; pero no necesitamos hacer esas preguntas si vivimos allí. No necesitamos preguntar sobre algo que conocemos bien. Cuando alguien no conoce el Cuerpo de Cristo, tiene muchos interrogantes al respecto, pero si ya lo conoce, no tiene dudas.

Los asuntos espirituales sólo los podemos clarificar hasta el punto que la persona ya no tenga dificultades espirituales; no hasta el punto que ya no tenga interrogantes mentales. Tomemos el caso de la predicación del evangelio. Nuestra predicación puede lograr que otros crean, no necesariamente que entiendan todo en su intelecto. Cuando Felipe le dijo a Natanael que había conocido a Aquél de quien habían escrito Moisés y los profetas, Natanael respondió: "¿De Nazaret puede salir algo de bueno?" Pero después que el Señor le dijo: "Antes que Felipe te llamara, cuando estabas debajo de la higuera, te vi", Natanael tocó la realidad, y espontáneamente confesó: "Rabí, Tú eres el Hijo de Dios; Tú eres el Rey de Israel" (Jn. 1:45-49). Al tocar la realidad, terminaron sus interrogantes. Así opera lo espiritual. Cuando tocamos la realidad, somos iluminados interiormente, y aunque no podamos explicarlo, lo entendemos en nuestro interior.

Hay muchos pasajes bíblicos que fácilmente pueden causar malos entendidos, pero si el Espíritu Santo los acompaña, podemos tocar la realidad espiritual que hay en ellos. Tocar la realidad espiritual evita los malos entendidos.

Alguien dijo, y con razón, que las confusiones son señal de oscuridad.

## COMO ENTRAR EN LA REALIDAD

Es posible que para nosotros la realidad espiritual sea simplemente palabras. Necesitamos entrar en esa realidad. ¿Cómo podemos lograr esto? En Juan 16:13 dice: "Pero cuando venga el Espíritu de realidad, El os guiará a toda la realidad". Y el versículo 14 añade: "El me glorificará; porque recibirá de lo Mío, y os lo hará saber". Estos dos versículos afirman que el Espíritu Santo nos guiará a toda la realidad.

Las dos obras principales del Espíritu Santo son la revelación y la disciplina. Aquélla nos muestra la realidad espiritual, mientras que ésta nos conduce a toda la realidad, por medio de las circunstancias que han sido dispuestos por El.

La revelación es la base de todo progreso espiritual. Por eso, el creyente que no haya recibido ninguna revelación, no tiene profundidad; y ante Dios, aun cuando tenga mucho conocimiento espiritual y se comporte muy bien, es una persona superficial. Es posible que no haya avanzado ni un paso. Al mismo tiempo, si la revelación no iguala la disciplina del Espíritu, no está completa. Podemos decir que la revelación del Espíritu es el fundamento, y que la disciplina es el edificio. Sin embargo, esto no significa que en cierto momento recibimos la revelación del Espíritu, y en otro, la disciplina, pues ambas están mezcladas; así que, a la vez que nos da revelación, nos disciplina, y viceversa. Por consiguiente, no podemos decir que la revelación lo es todo en la vida cristiana, a menos que incluyamos la disciplina como parte de la revelación.

Creemos que el Hijo realiza todo lo que el Padre le comisiona (Jn. 17:4); que el Espíritu ejecuta todo lo que el Hijo le encomienda, y que no importa cuán inmensa sea la realidad espiritual, el Espíritu nos introducirá en ella. La iglesia no oculta lo que es de Cristo. Esto no depende de la experiencia, sino de la obra del Espíritu Santo. Debemos tener presente que así como Cristo llevó a cabo todas las cosas, el Espíritu las ejecutará. Tenemos que creer en la fidelidad del Espíritu y en la perfección de Su obra.

La meta de la obra del Espíritu es guiarnos a la realidad. Por una parte, el Espíritu nos da revelación y nos introduce en lo que es real, con el fin de que veamos lo que somos en Cristo; y por otra, nos disciplina. Algunos creyentes dan la impresión de que les falta algo. Parece que el Espíritu ha laborado poco en ellos y casi no se ha forjado en ellos. Si uno difícilmente se puede ayudar a sí mismo y proveer para sus propias necesidades espirituales, mucho menos puede ayudar o suministrar vida a los demás. Si deseamos ser de ayuda a otros, debemos permitir que el Espíritu del Señor nos introduzca en la realidad. Pero para que esto suceda, tiene que disciplinarnos y pasarnos por muchas pruebas.

David dijo: "Oh Dios de mi justicia. Cuando estaba en angustia, tú me hiciste ensanchar" (Sal. 4:1). Dios permitió que David estuviera angustiado a fin de que creciera. En Jacobo [Santiago] 2:5 dice: "Hermanos míos amados, oíd: ¿No ha elegido Dios a los pobres de este mundo, para que sean ricos en fe y herederos del reino que ha prometido a los que le aman?" Dios escogió a los pobres de este mundo para que sean ricos en fe. La intención de Dios no es tener a Sus hijos siempre en aflicción y en pobreza; sino hacerlos crecer por medio de las pruebas y enriquecerlos en la fe.

Apocalipsis 21 nos habla de la condición futura de la iglesia delante de Dios. ¿Qué clase de condición será ésta? La Nueva Jerusalén tenía "la gloria de Dios. Y su resplandor era semejante al de una piedra preciosísima, como piedra de jaspe, diáfana como el cristal" (v. 11). "El material de su muro era de jaspe; pero la ciudad era de oro puro, semejante al vidrio claro; y los cimientos del muro de la ciudad estaban adornados con toda piedra preciosa" (vs. 18-19). "La ciudad se halla establecida en cuadro, y su longitud es igual a su anchura; y él midió la ciudad con la caña, doce mil estadios; la longitud, la anchura y la altura de ella son iguales" (v. 16). Esto nos muestra las riquezas y el ensanchamiento de la iglesia cuando un día aparezca ante Dios.

¿Qué significa ser ensanchados? Salmos 4:1 nos dice que cuando estamos angustiados, somos ensanchados hasta el punto de disfrutar de Dios. O sea que la angustia no nos abruma; por el contrario, nos ensancha para que podamos disfrutar a Dios. Los que ven una cuarta persona que se pasea en medio de las llamas del horno (Dn. 3:25), son los que pueden disfrutar a Dios. Tales personas han sido ensanchadas. Lo mismo sucede con los que estando presos y con los pies en el cepo, pueden cantar himnos de alabanza a Dios (Hch. 16:24-25). La puerta de la cárcel estaba bien guardada y vigilada; no obstante, aquellos que estaban adentro, podían disfrutar la presencia del Señor. A éstos Dios los ensanchó.

El espíritu nos hace crecer por medio de las aflicciones. Desafortunadamente, algunas veces, cuando estamos afligidos, permanecemos en la aflicción. Sabemos que el Señor permitió que Job sufriera con el propósito de llevarlo al fin que el Señor tenía para él (Jac. [Stg.] 5:11). Job llegó este fin. Desafortunadamente, muchos llegan a su propio y no al que el Señor tenía para ellos. Mientras son probados, los sufrimientos los hacen tropezar. Aunque se encuentran en angustia, no son ensanchados. Algunos murmuran contra Dios en el momento de la prueba y se quejan diciendo que Dios no es justo con ellos. Como resultado, son atrapados en sus propias pruebas y no crecen.

Algunos creyentes no son afligidos, y sin embargo son muy pobres. Carecen de realidad espiritual y lo que tienen no es suficiente ni para ellos mismos, mucho menos para ayudar a otros. Pero hay otros creyentes que son tan ricos que uno no puede penetrar su profundidad ni llegar a percibir su medida. Cuando uno les lleva sus problemas, siempre obtiene respuesta. Es como si ninguna dificultad fuera irremediable para ellos. Uno sólo puede hermanos inclinar la cabeza y agradecer al Señor por dar tales hermanos a la iglesia. Sus riquezas son más grandes que las dificultades y la pobreza de otros, por eso los pueden abastecer. Estos son muy ricos en vida, y la pueden suministrar, porque han tocado la realidad.

La iglesia es un candelero de oro y un testimonio sólo en la medida en que los creyentes hayan sido ensanchados, sean ricos en fe y puedan suministrar vida a los demás. Cuando un amigo viene a visitarnos a medianoche, y no tenemos nada que ofrecerle, podemos ir a tocar a la puerta de otro amigo (Lc. 11:5-6). Sin embargo, algunas veces, el Señor nos dice: "Dadles vosotros de comer" (Mt. 14:16). ¿Cuántos panes tenemos en realidad? En ocasiones podemos orar pidiendo un suministro urgente, y el Señor nos lo concede. Sin embargo, las oraciones para obtener dicha provisión, no pueden sustituir las riquezas. Si en varios años nuestras riquezas espirituales no aumentan, en verdad estamos en la pobreza.

¿Por qué estamos pobres? La razón reside en que carecemos de la disciplina y las restricciones del Espíritu. Debemos recordar que toda persona que ha sido ensanchada, ha pasado por experiencias y tiene una historia delante del Señor. Estas experiencias y esta historia llegan a ser las riquezas de la iglesia. Muchas enfermedades son permitidas con el fin de incrementar las riquezas de la iglesia. De la misma manera, muchos problemas, obstáculos y dificultades que se presentan multiplican las riquezas de la iglesia. Muchos creyentes viven en paz pero se empobrecen espiritualmente. Ellos no entienden cuando los hermanos pasan por dificultades y no les pueden ayudar espiritualmente. Estos no tienen historia delante del Señor, y el Espíritu Santo no tiene la oportunidad de manifestar la realidad de Cristo en ellos, ni tampoco de forjar a Cristo en ellos. Posiblemente hayan escuchado muchas enseñanzas, pero éstas no pueden reemplazar la obra del Espíritu. Si el Espíritu no ha laborado en nosotros, las riquezas del Señor no pueden ser nuestras; como consecuencia, no tenemos nada que compartir con los santos. Así que, el Espíritu Santo tiene que hacer una obra en nosotros para que podamos ser útiles en las manos de Dios. El creyente no debe caer en una condición tan pobre que el Espíritu Santo no pueda intervenir. Creemos que el Señor no suelta a nadie que se haya encomendado en Sus manos, y que cada prueba tiene el propósito de ensancharnos y enriquecernos. Cuando pasamos por pruebas, nos enriquecemos; y si estamos angustiados, conocemos a Dios mucho más. De este modo, gradualmente llegamos a estar facultados para suministrar vida a los hijos de Dios en la iglesia.

Cierta hermana fue salva a la edad de trece años y vivió hasta la edad de ciento tres. Cuando cumplió cien años, un hermano le pidió que le dijera la razón por la que Dios le había dado tan larga vida. Ella contestó tranquilamente: "Dios me ha preservado aquí para que ore continuamente".

No hay duda de que ella era rica. Otra hermana que estuvo postrada en cama durante cuarenta años, y en treinta y cinco de ellos no pudo oír nada; ella dijo: "Yo era muy activa en el pasado, y corría de aquí para allá llena de ocupaciones, por lo cual desatendí la labor crucial de la iglesia, la oración. Pero desde que he estado postrada, mi ocupación ha sido orar". Ella no estaba molesta, ni impaciente ni murmuraba; por el contrario, llegó a hacer obras maravillosas. Su angustia la había ensanchado y enriquecido, y sus riquezas habían llegado a ser las riquezas de la iglesia.

Algunos hermanos y hermanas en la iglesia no son muy elocuentes ni tienen mucho conocimiento; sin embargo, pueden orar. Cuando se enteran de alguna necesidad, oran. Continuamente sustentan a la iglesia por medio de sus oraciones. Ellos oran por los enfermos y por los santos que tienen problemas. En cambio hay otros que se reúnen con regularidad, pero nunca oran. Estos no tienen nada que ofrecer a la iglesia. Son pobres y desconocen la realidad espiritual porque no han sido disciplinados por el Espíritu. Si otros hermanos dependieran de ellos, no llegarían muy lejos. Pero éstos aún permanecen gracias a que otros los han estado sustentando. Así que, las riquezas de la vida no se basen en doctrinas, sino que son el resultado de sufrir delante del Señor, al punto de suministrar vida a la iglesia.

Día tras día, el Espíritu busca la oportunidad de introducirnos en la realidad espiritual. Pero si no aceptamos Su disciplina, no podremos entrar en esta realidad. Muchas veces, cuando vienen dificultades, algunos buscan la manera de atenuarlas, mientras que otros tratan de evadirlas y posiblemente lo logren, pero pierden la oportunidad de que el Espíritu Santo los introduzca en la realidad espiritual. El Espíritu no tiene la oportunidad de laborar en ellos al grado que la porción de ellos llegue a ser la de la iglesia. El que huye de la disciplina del Espíritu Santo, no puede entrar en la realidad espiritual ni ser ensanchado ni enriquecido.

Hermanos, debemos aceptar la disciplina del Espíritu Santo, a fin de ser ensanchados y poder suministrar vida a la iglesia. Necesitamos consagrarnos de una manera profunda y completa, para que el Espíritu del Señor tenga oportunidad de realizar Su obra en nosotros y de introducirnos en la realidad espiritual. Ojalá que podamos aprender más cada día, y que crezca nuestro depósito interior; de tal manera que ese depósito, junto con lo que hayamos aprendido, llegue a ser riquezas para la iglesia. Un día estas riquezas se manifestarán en el cielo nuevo y la tierra nueva. Hermanos y hermanas, el oro y las piedras preciosas tienen que pasar por fuego, y la perla no puede formarse sin sufrir. Oremos para que el Señor nos libre de hablar vanamente y de toda clase de pobreza. Pidamos que nos muestre más detalladamente lo que es la realidad espiritual. Que el Señor nos guíe por medio de Su Espíritu a toda realidad espiritual.

# LA LUZ DIVINA Y LA OBSESION

Lectura bíblica: Is. 50:10-11; Sal. 36:9

La realidad espiritual consta de todo lo que es verdadero. Es la verdad la que nos hace libres. Lamentablemente, muchas veces los creyentes no tocan lo verdadero, y son atrapados en lo falso; el engaño los seduce y los aprisiona. No ven la verdadera naturaleza de las cosas y se engañan pensando que entienden todo con claridad. Aunque lo que piensan y hacen es incorrecto, están seguros de que obran bien. A esta clase de condición la llamamos "obsesión". Todo el que está obsesionado, necesita la luz divina para poder ser librado de esa condición. Examinemos lo que es la obsesión.

## ¿QUE ES LA OBSESION?

Estar obsesionado es engañarse a uno mismo. En 1 Juan 1:8 se describe a una persona obsesionada, la cual se engaña a sí misma. Si uno sabe que pecó, pero lo niega, miente; pero si peca, y cree que no lo ha hecho, se engaña a sí mismo. Uno miente cuando a pesar de saber que ha pecado, no lo admite; y está obsesionado cuando ha pecado y aún así piensa que es una persona maravillosa y sin pecado como el Señor Jesús; hasta el grado de afirmar y creer que no ha pecado. Dicho de otra manera, mentir es engañar a otros, mientras que estar obsesionado es engañarse a uno mismo. El contenido de la mentira y la obsesión es el mismo; pues en ambos casos hay pecado. La diferencia está en que en el primer caso, la conciencia del hombre sabe que ha pecado, y aún así engaña a los demás haciéndoles creer que no ha pecado; mientras que en el segundo, la mente le dice que no ha pecado, y la persona lo cree sinceramente. Aquellos que engañan a otros, mienten, mientras que los que se engañan a sí mismos, están obsesionados. Quienes están obsesionados llegan a ese estado por dedicar demasiado tiempo pensando en sí mismos. Muchos que son orgullosos se obsesionan con el pensamiento de que son cierta clase de persona, hasta que logran que les crean.

Pablo mismo estuvo obsesionado; por eso, mientras Esteban era apedreado, él "consentía en su muerte" (Hch. 8:1). En su epístola a los Filipenses, habló de su condición anterior: "En cuanto a celo, perseguidor de la iglesia" (Fil. 3:6). El pensaba que para servir con celo a Dios, tenía que perseguir a la iglesia. Así que su corazón se alegraba cuando los creyentes sufrían, de tal manera que "fue al sumo sacerdote, y le pidió cartas para las sinagogas de Damasco, a fin de que si hallase algunos hombres o mujeres de este Camino, los trajese presos a Jerusalén" (Hch. 9:1-2). ¿Era correcto su celo? Su deseo de servir a Dios era correcto, pero no estaba bien que persiguiera a la iglesia y creyera que al hacerlo servía a Dios. A pesar de que actuaba mal, creía que obraba bien. Esto es tener una obsesión.

En Juan 16:2 el Señor Jesús describe a algunos que estaban obsesionados. El dijo: "Os expulsarán de las sinagogas; y viene la hora cuando cualquiera que os mate, pensará que rinde servicio a Dios". Matar a los discípulos del Señor y creer que así se le rinde servicio a Dios es estar obsesionado.

La obsesión es un problema del corazón; es obrar mal y creer sinceramente que obra bien. Si uno actúa mal, y obstinadamente insiste en que está bien, miente; pero si hace algo indebido y que cree en su corazón y afirma que ha actuado bien, está obsesionado. Mentir es ser obstinado por fuera y estar consumido por dentro; es decir, mostrarse seguro de sí mismo exteriormente y estar seco interiormente. Pero estar obsesionado es estar obstinado por dentro y por fuera; es tener confianza en sí mismo, tanto interior como exteriormente al grado de creer que la conciencia justifica la acción.

Los síntomas de la obsesión son pensar y creer que algo incorrecto es correcto, y no ver el error. Hay quienes están convencidos de que algo le está sucediendo a cierta persona y presentan evidencias para respaldar lo que creen. Esto también es una obsesión. Algunos creyentes desean hacer algo o realizar ciertas metas. Al principio piensan que lo que desean hacer no es correcto, pero cuanto más piensan en ello, más confianza sienten para efectuar sus planes. Uno se puede llegar a obsesionar de tal manera, que no escucha ni aun cuando la Palabra de Dios le indica que está equivocado. No es fácil ayudar ni corregir a un creyente obsesionado, porque cree que su conciencia aprueba sus hechos.

Debemos ser muy cuidadosos y jamás intentar engañar a otros. Si por accidente decimos algo inexacto, debemos corregirlo, porque si conscientemente decimos algo que no es cierto, al principio engañaremos a los que nos escuchan, pero al final terminaremos engañándonos a nosotros mismos.

Conocí a un hermano que en su celo por el Señor, decidió alterar el timbre de su voz. Al principio, cuando oraba, él mismo se sentía algo extraño y era consciente de que su voz no sonaba natural; pero después de un tiempo, se olvidó de que ése no era su verdadero timbre de voz. Los que lo oían orar sabían que ésa no era su voz normal; no obstante, él llegó a pensar que sí lo era. Si uno finge y trata de parecer natural, está obsesionado. Cuando este hermano empezó a fingir la voz, sintió que no era normal, pero se obsesionó tanto que aquel sentimiento desapareció y llegó a creer que era genuino. Esta es la triste condición de alguien que está obsesionado.

### Ejemplos de obsesión en Malaquías

El libro de Malaquías, en el Antiguo Testamento, nos muestra lo que es estar obsesionado. En 1:2 dice: "Yo os he amado, dice Jehová". Este es un hecho; sin embargo, los israelitas respondieron: "¿En qué nos amaste?" Esto es obsesión. Los israelitas, sin temor alguno, refutaron lo que Dios había dicho. Esto prueba que ellos creían en sus corazones que Dios no los había amado. No creyeron en el hecho y tomaron lo falso como verdad. Esto es estar obsesionado.

En Malaquías 1:6 dice: "El hijo honra al padre, y el siervo a su señor. Si, pues, soy yo padre, ¿dónde está mi honra? y si soy señor, ¿dónde está mi temor? dice Jehová de los ejércitos a vosotros, oh sacerdotes, que menospreciáis mi nombre". Esta es la palabra de Dios. Pero ellos respondieron: "¿En qué hemos menospreciado tu nombre?" Firmemente creían lo que decían, por eso no temían a Jehová. Esto es obsesión.

El versículo 7 dice: "En que ofrecéis sobre mi altar pan inmundo". Esta es la palabra de Dios. No obstante, ellos respondieron: "¿En qué te hemos deshonrado?" Estaban equivocados, y no lo admitían. Esto también es obsesión.

En Malaquías 2:13 hallamos: "Y esta otra vez haréis cubrir el altar de Jehová de lágrimas, de llanto, y de clamor; así que no miraré más a la ofrenda, para aceptarla con gusto de vuestra mano". Estos eran hechos; sin embargo, dijeron: "¿Por qué?" (v. 4). Hacían mal, pero no lo admitían, lo cual es obsesión.

En el versículo 17 leemos: "Habéis hecho cansar a Jehová con vuestras palabras". Este era un hecho, pero respondieron: "¿En qué le hemos cansado?" Habían cansado a Dios, no obstante, no lo creían, lo cual muestra que tenían una obsesión.

Leemos en Malaquías 3:7: "Desde los días de vuestros padres os habéis apartado de mis leyes, y no las guardasteis. Volveos a mí, y yo me volveré a vosotros, ha dicho Jehová de los ejércitos". A estas palabras de Dios, ellos contestaron: "¿En qué hemos de volvernos?" En su mentes, ellos nunca se habían apartado de los preceptos de Dios; por eso creían que no tenían de qué arrepentirse; otra evidencia de obsesión.

El versículo 8 dice: "¿Robará el hombre a Dios? Pues vosotros me habéis robado". Dios les dijo esto, pero ellos replicaron: "¿En qué te hemos robado?" Aunque habían robado a Dios, no lo creían, sumidos en su obsesión.

Vemos en el versículo 13: "Vuestras palabras contra mí han sido violentas, dice Jehová". A este hecho ellos respondieron: "¿Qué hemos hablado contra ti?" Por causa de su obsesión pensaban que no habían hablado contra Dios, aunque obviamente sí lo habían hecho.

### Ejemplos de obsesión en el Evangelio de Juan

El evangelio de Juan, en el Nuevo Testamento también presenta varios casos de obsesión. Examinemos algunos de ellos.

En Juan 5:43 dice: "Yo he venido en nombre de mi Padre, y no me recibís; si otro viene en su propio nombre, a ése recibiréis". Los israelitas parecían estar perfectamente en paz con su conciencia a pesar de que habían rechazado al Señor Jesús. Esto es obsesión.

Leemos en el versículo 44: "¿Cómo podéis vosotros creer, pues recibís gloria los unos de los otros, y no buscáis la gloria que viene del Dios único?" Ellos no buscaban la gloria verdadera; sino aquello que no es gloria. Es no es otra cosa que obsesión.

En Juan 7:19 dice: "¿No os dio Moisés la ley? Y ninguno de vosotros cumple la ley. ¿Por qué procuráis matarme?" Estas eran palabras del Señor, pero la multitud respondió: "Demonio tienes; ¿quién procura matarte?" (v. 20). Las mentiras los tenían obsesionados. Si no fuera así, no habrían dicho: "Demonio tienes". Ellos querían matar al Señor, pero la obsesión que tenían era tal, que pensaban que el Señor tenía un demonio.

El versículo 27 dice: "Pero éste, sabemos de dónde es; mas cuando venga el Cristo, nadie sabrá de dónde sea". Esto, de nuevo, es una mentira que llega a ser obsesión.

## LOS SINTOMAS DE LA OBSESION

Estar obsesionado es trágico y doloroso; es una condición anormal. Estudiemos algunos casos.

La obsesión de algunos creyentes se manifiesta en sus palabras. Por un lado, después de que han hablado de cierto asunto, lo niegan; y por otro, a pesar de no haber dicho nada, creen que dijeron algo. Ellos están convencidos de que se dijo algo que en realidad no se ha dicho. Estos creyentes no sólo mienten, sino que están obsesionados. Mentir es decir algo falso estando consciente de ello, y estar obsesionado es no estar consciente de estar mintiendo. Mentir es decir algo falso y después reconocer que no dijo la verdad; pero estar obsesionado es mentir y creer que no ha mentido. Algunos creyentes están tan obsesionados que aceptan las mentiras como si fueran verdades; lo incorrecto como correcto, y lo falso como verídico.

Al principio, uno miente para engañar a otros, pero termina engañándose a sí mismo. Si bien es cierto que los demás sufren por esta mentira, al final uno mismo es el afectado, porque esas tinieblas lo conducen a la obsesión. La mentira llega a ser un hábito en la persona, hasta el punto de convencerse de que está diciendo la verdad. Cuando narra algún suceso, no dice la verdad; sin embargo, repite lo mismo tantas veces que engaña a los que la escuchan. Cuando uno miente por primera vez, se siente intranquilo pues sabe que un creyente no debe mentir; pero con el tiempo, ese malestar empieza a disminuir, hasta que uno se convence de que lo que está diciendo es verdad. Esto es obsesión. Estar obsesionado es inventar una mentira para engañar a otros, y terminar por creerla.

Ciertos creyentes se obsesionan con los testimonios. Cierto hermano escuchó algunos testimonios acerca de oraciones contestadas, de cómo Dios bendijo ciertas obras y de la liberación con respecto a ciertas dificultades. Estos testimonios despertaron tanto su imaginación, que llegó a pensar que sus oraciones también habían sido contestadas, que su labor era bendecida y que tenía la experiencia de ser librado de sus problemas. Siempre que tenía la oportunidad, se levantaba a testificar y describía sus experiencias tan detalladamente, que parecían ciertas. Un asunto ordinario lo tornaba extraordinario; y uno insignificante lo exageraba. Después de testificar de esta forma una y otra vez, empezó a creer sus propias palabras. Llegó al punto en que no sabía qué parte de la historia era verdad y qué parte era mentira. Cuando alguien cae tan profundo en su engaño, cree que todo lo que dice es verdad. Tal actitud es una obsesión.

Otros se obsesionan con la enfermedad. Aunque los médicos no detecten ningún problema físico, ellos están seguros de que tienen cierta dolencia. En realidad, la mayoría de sus enfermedades son producto de su amor propio. Se aman tanto que se protegen detrás de toda clase de padecimientos imaginarios. Interpretan cualquier malestar como señal de enfermedad. Así que, si el corazón les late más rápido de lo normal, inmediatamente dicen que padecen problemas cardíacos; si tosen, piensan que tienen tuberculosis o pulmonía. Si el doctor les dice que ellos no tienen nada, piensan que ése no es un buen doctor; y si les dice que están enfermos, afirman que es un buen médico. Esto es amarse obsesivamente a uno mismo. Al principio, cuando hablan de sus enfermedades lo hacen con el fin de ganarse la simpatía y la atención de sus parientes y amigos; pero al final ellos mismos terminan creyendo que están enfermos. Crear una enfermedad de la nada también es obsesión. Estar obsesionado es engañarse a uno mismo con algo ficticio.

Otros están obsesionados por el miedo. Tienen temor aunque no haya motivo. Posiblemente al principio sienten recelo, pero a medida que pasa el tiempo, sienten verdadero miedo. No importa cuánto trate uno de explicarles que no deben temer, no lo creen, y más temor experimentan. Esto constituye una obsesión.

Hay otros creyentes que están obsesionados con las especulaciones. Carecen de luz y, en consecuencia, especulan sobre fantasías que luego toman como hechos. Por ejemplo, primero especulan que cierta persona intenta algo, ya sea ir a algún lugar o hablar sobre cierto asunto; y luego están seguros de que eso realmente sucedió. Llegan a obsesionarse tanto, que crean algo donde no hay nada. Incluso pueden acusar falsamente a alguien y a la vez creer que tienen la razón. Describir a una persona de una manera incorrecta, o creer que hizo algo que en realidad no ha hecho o aceptar las especulaciones como si fueran realidades es una obsesión.

Examinemos otra clase de obsesión. Algunos creyentes buscan sinceramente al Señor y desean vivir en Su presencia. Sin embargo, debido a que carecen de luz, ven el mal donde no está. Algunas veces se obsesionan con la idea de haber cometido un pecado irreparable e imperdonable. Esa preocupación los acompaña constantemente, y lloran y se angustian con la obsesión de un pecado que no existe. Les parece que Dios jamás les perdonará lo que hicieron y llegan a pensar que ni la sangre del Señor los puede limpiar. En realidad no es así, porque ante Dios ellos no han pecado, pero ellos están obsesionados y no ven esto. Creen que no es suficiente confesar una sola vez, por eso confiesan centenares de veces, pero piensan que el pecado todavía está allí. ¿Qué es esto? Obsesión. Podemos obsesionarnos no sólo con cosas malas, sino también con la sensación de haber pecado. Si un creyente que busca al Señor no tiene luz, se sentirá condenado aun por lo que no ha cometido. Esto es obsesión. Estar obsesionado es creer que algo es verdad cuando no lo es.

En Isaías 5:20 dice: "¡Ay de los que a lo malo dicen bueno, y a lo bueno malo; que hacen de la luz tinieblas, y de las tinieblas, luz; que ponen lo amargo por dulce, y lo dulce por amargo!" Una persona puede obsesionarse de tal manera que a lo bueno le dice malo, y a lo malo bueno, a las tinieblas luz, y a la luz tinieblas, a lo amargo dulce, y a lo dulce amargo. Aunque indudablemente está mal, tiene la certeza de que está bien. Esta es una condición muy lamentable. Lo peor que le puede pasar a un creyente es no darse cuenta de que ha pecado. Cuando uno peca se contamina, pero si ni siguiera sabe que ha pecado, está en tinieblas. La contaminación en sí es peligrosa, pero si a ésta la acompañan las tinieblas es peor. Si vivimos en tinieblas, no podemos ver; por tanto, no podemos seguir adelante.

La obsesión presenta diferentes síntomas. Un creyente puede obsesionarse con sus pensamientos, sus palabras, su condición espiritual, sus pecados, o con los de otros; con sus propias palabras, o con las de otros. La obsesión es muy común y puede darse en cualquier creyente. Hay algunos que se encuentran obsesionados en menor grado, y otros que lo están seriamente. Por lo tanto, es importante que prestemos atención a este asunto.

### LAS CAUSAS DE LA OBSESION

Siempre existen razones para que los creyentes se obsesionen. Examinemos en la Biblia algunas de las razones básicas que causan la obsesión.

### El amor a las tinieblas

Una causa notable de la obsesión es que el hombre no ama la luz sino las tinieblas. Cuando alguien prefiere las tinieblas a la luz, su corazón es impuro, lo cual lo convierte en una presa fácil de la obsesión. Uno primero trata de evitar dificultades, problemas y la luz misma, argumentando que todo está bien; pero finalmente empieza a creer que está en lo correcto y que es bueno. Los israelitas rechazaron al Señor Jesús porque amaban más las tinieblas que la luz (Jn. 3:19). Ellos moraban en las tinieblas; por eso pensaron que era razonable rechazar y aborrecer al Señor Jesús. El Señor dijo: "Si Yo no hubiese hecho entre ellos obras que ningún otro ha hecho, no tendrían pecado; pero ahora han visto y han aborrecido a Mí y a Mi Padre" (15:24). Esto se debía a que estaban obsesionados. Aborrecieron al Señor Jesús sin causa alguna (v. 25). Debemos entender que donde haya tinieblas y falte luz, allí la visión, la confianza y el juicio son incorrectos. Todo lo que está errado, posee el elemento de la obsesión. No amar la luz, resulta en obsesión.

## El orgullo

El orgullo constituye otra de las principales causas de la obsesión. En Abdías 3 dice: "La soberbia de tu corazón te ha engañado". Aquí podemos ver que el orgullo causa que nos engañemos hasta el grado de obsesionarnos. Cuando uno emprende algo con la intención de obtener una posición y jactarse delante de los hombres, empieza por fingir y engañar a otros y, gradualmente, a sí mismo, hasta llegar a la obsesión. Una vez que uno se vuelve orgulloso, es fácil imaginarse que es alguien, que ha logrado algo, hasta que gradualmente empieza a creer que aquello es la realidad. El resultado de esto es la obsesión. Hermanos, no piensen que el orgullo es un pecado insignificante. El orgullo fácilmente nos conduce a la obsesión, por eso debemos ser humildes.

## El rechazo de la verdad

Otra de las causas importantes de la obsesión es rechazar el amor de la verdad. En 2 Tesalonicenses 2:10-11 dice que Dios les envía a aquellos que "no recibieron el amor de la verdad ... una fuerza de error, para que crean la mentira". Este es un final terrible; creer las mentiras conduce a la obsesión. Creer la mentira es creer que hay algo donde en realidad no hay nada. Si rechazamos el amor de la verdad, indudablemente creemos la mentira, y cuando esto sucede, estamos obsesionados.

En proverbios 23:23 dice: "Compra la verdad, y no la vendas; la sabiduría, la enseñanza y la inteligencia". La verdad se debe comprar, o sea que nos cuesta. Seríamos bienaventurados si nuestro corazón estuviera listo para amar y recibir sólo las verdades de Dios a toda costa. Pero muchos no tienen un corazón que ame la verdad. Por el contrario, tuercen la verdad, la anulan y terminan dudando de ella. Convierten la verdad en mentira, y la mentira en verdad, y se sienten bien pensando así. Esto es estar obsesionado. Debemos darnos cuenta de que si no recibimos inmediatamente el amor de la verdad, nos será muy difícil ver la verdad más adelante.

Un hermano que estudiaba en un seminario, en una ocasión le preguntó a un profesor de teología acerca del bautismo. Este hermano había visto que había sido crucificado con Cristo, que había muerto y que necesitaba ser sepultado. Así que quería ser bautizado. Le preguntó al profesor qué pensaba, a lo cual éste contestó: "Yo tuve una experiencia similar cuando estudiaba en el seminario. Estaba por graduarme cuando comprendí que había muerto y que debía ser sepultado y bautizado. Pero si hubiera sido bautizado en ese entonces, no habría podido continuar trabajando en mi denominación. Así que oré y sentí que debía esperar hasta que me graduara como pastor. Muchos años han pasado desde que me gradué y llegué a ser pastor y todavía no he sido bautizado, pero todo parece estar bien. Concéntrate en tus estudios. Una vez que te gradúes y seas un pastor, tales preguntas no te molestarán más". Desobedecer a la verdad y pensar que uno puede vivir en paz es obsesión. Afortunadamente este hermano no siguió los consejos de aquel profesor. Hermanos y hermanas, cuando nuestro corazón no se entrega al Señor incondicionalmente, nos obsesionamos con facilidad.

## No buscar la gloria que viene del Dios único

Otras de las causas de la obsesión es no buscar la gloria que viene del Dios único. El Señor Jesús dijo: "¿Cómo podéis vosotros creer, pues recibís gloria los unos de los otros, y no buscáis la gloria que viene del Dios único?" (Jn. 5:44). Los israelitas rechazaron al Señor y perdieron la vida eterna por buscar otra clase de gloria. ¡Qué lamentable es esto! Al buscar los israelitas la gloria de los hombres, su corazón se volvió la mentira. Así que, empezaron a obsesionarse con la idea de que eran muy importantes.

## VER LA LUZ EN LA LUZ DE DIOS

La obsesión es algo trágico. Los hijos de Dios no deben obsesionarse. Cuando alguien se obsesiona no puede ver la verdadera naturaleza de las cosas. En el siguiente párrafo estudiaremos este aspecto, y la manera de ser salvos de la obsesión.

En Isaías 50:10-11 dice: "¿Quién hay entre vosotros que teme a Jehová, y oye la voz de su siervo? El que anda en tinieblas y carece de luz, confíe en el nombre de Jehová, y apóyese en su Dios. He aquí que todos vosotros encendéis fuego, y os rodeáis de teas; andad a la luz de vuestro fuego, y de las teas que encendisteis. De mi mano os vendrá esto; en dolor seréis sepultados".

El versículo 10 no es fácil de entender. Podemos entender mejor el significado si lo leemos de la siguiente manera: "¿Hay alguno entre vosotros que tema al Señor y obedezca la voz de Su siervo?" Si alguien quiere obedecer la voz del siervo del Señor, pero anda en tinieblas y carece de luz, ¿qué debe hacer? Debe confiar en el nombre de Jehová y apoyarse en su Dios.

El versículo 11 dice: "He aquí que todos vosotros encendéis fuego, y os rodeáis de teas; andad a la luz de vuestro fuego, y de las teas que encendisteis. De mi mano os vendrá esto; en dolor seréis sepultados". Cuando los israelitas andaban en tinieblas y carecían de luz, era natural que encendieran fuego y se rodearan de teas. ¿No era correcto que anduvieran a la luz de su fuego y de las teas que encendían? No, porque si hacían esto serían sepultados en dolor. El fuego que el hombre enciende no puede eliminar las tinieblas espirituales. La luz viene de Dios, no del hombre. El fuego del hombre nunca proporcionará una visión espiritual genuina.

Nuestro propio fuego nunca podrá ser la fuente de la luz espiritual. Algunos creyentes dicen: "¿Cómo puede usted afirmar que yo estoy mal? Yo no me siento mal en nada; todo está bien". Posiblemente uno piense que no está mal, e incluso puede sentirlo y creerlo; pero, ¿se puede confiar en uno mismo? Otros dicen: "He analizado cierto asunto por largo tiempo y puedo asegurar que se hará de cierta manera". ¿Puede llegar uno a una conclusión definitiva sólo por analizar la situación? Según la Palabra de Dios, ésta no es la manera de llegar a conocer algo. Podemos analizar con todo nuestro raciocinio alguna cosa, pero lo que logramos es sólo fuego humano. Un creyente no puede andar en la senda espiritual alumbrado con su propio fuego, sino que debe confiar en el nombre del Señor y depender de Dios, porque sólo así puede ver y andar por la senda espiritual. Cuanto más analizamos, más nos confundimos y nos engañamos. Debemos darnos cuenta de que la luz espiritual no viene de nuestros sentimientos o pensamientos propios. Cuanto más buscamos la luz en nosotros mismos, menos la encontramos, pues no se encuentra ahí.

Leamos Salmos 36:9: "Porque contigo está el manantial de la vida; en tu luz veremos la luz". Esto nos enseña que por medio de la luz divina, el hombre puede ver la luz y la verdadera condición de las cosas. "En tu luz veremos la luz". La primera es la luz que ilumina, y la segunda, la verdadera naturaleza de las cosas. Esto significa que sólo podemos ver lo intrínseco de las cosas cuando nos encontramos en la luz divina y vivimos en ella.

Hermanos, el lugar donde vivimos es lo que hace la diferencia. Debemos vivir en la luz divina si queremos ver. Algunos creyentes merecen mucho respeto, no por que sean buenos hombres, sino porque viven delante del Señor. En 1 Juan 1:5 dice que Dios es luz. Aquellos que conocen a Dios, conocen la luz. Podemos hallar a Dios por medio de aquellos que conocen la luz. Cuando nos encontramos con alguien que conoce la luz divina, notamos que a esa persona le es fácil ver nuestra verdadera condición y nuestros defectos. No nos ofende; simplemente sus ojos interiores son penetrantes y puede descubrir fácilmente la verdadera condición de las cosas. Cuando uno no tiene luz piensa que ciertos asuntos están bien, pero si la tiene, discierne el verdadero carácter de las cosas. Unicamente los que viven en la luz divina pueden ver la luz y la naturaleza intrínseca de las cosas. Cuando estamos bajo la intensa luz del sol, no tenemos necesidad de usar antorchas. De igual manera, si estamos bajo la luz de Dios, no tenemos necesidad del fuego humano. Si vivimos en la luz de Dios, discerniremos claramente la naturaleza intrínseca de las cosas. De la única manera que uno puede conocerse genuinamente, es verse bajo la luz de Dios. Si uno no está bajo la luz de Dios, puede pecar y no sentir el mal del pecado; puede fracasar y no sentirse avergonzado; puede actuar bien por fuera sin darse cuenta de cuán engañoso es su corazón; ser humilde exteriormente, y no percibir cuán orgulloso es por dentro; aparentar gentileza, y no darse cuenta de cuán obstinado es interiormente, e incluso aparentar espiritualidad, sin ver cuán carnal es. Cuando la luz de Dios brilla sobre nosotros, nuestra verdadera condición queda expuesta, y admitimos que hemos estado ciegos.

La diferencia entre el Antiguo Testamento y el Nuevo es que el primero les muestra a los hombres lo correcto y lo incorrecto por medio de leyes externas; mientras que el segundo nos muestra la verdadera naturaleza de las cosas por medio del Espíritu Santo, el cual mora en nosotros. Muchas veces las doctrinas nos hacen ver nuestros errores, lo cual es muy superficial. Sólo cuando los vemos por medio de la luz divina, tenemos una visión profunda. Cuando nos encontramos en la luz divina, vemos lo que Dios ve. Esto es lo que significa ver la luz en la luz.

Para no obsesionarnos debemos vivir en la luz de Dios. Sin embargo, la más grande tentación que tenemos es encender nuestro propio fuego. Siempre que nos enfrentamos con dificultades, nos examinamos interiormente para encontrar lo que está bien y lo que está mal. Hermanos, Dios no desea que hagamos esto. Tenemos que humillarnos y admitir que ni nuestros juicios, ni nuestros pensamientos, ni nuestra conducta son dignos de confianza, pues podemos estar equivocados. Lo que nosotros consideramos malo tal vez no lo sea; lo que juzgamos dulce puede no serlo; lo que nos parece amargo tal vez no sea amargo; lo que a nuestro juicio es luz, quizá sea tinieblas. No debemos reemplazar la luz divina con la nuestra. Nuestra luz tiene que venir de Dios.

El Señor dijo: "La lámpara del cuerpo es el ojo; así que, si tu ojo es sencillo, todo tu cuerpo estará lleno de luz; pero si tu ojo es maligno, todo tu cuerpo estará en tinieblas. Así que, si la luz que en ti hay es tinieblas, ¡cuán grande serán esas tinieblas!" (Mt. 6:22-23). Cuando un creyente pierde la luz interior, se obsesiona. Es muy lamentable no poder ver lo que debemos ver y no saber lo que debemos saber. Debemos pedirle a Dios que nos ilumine para poder tocarle. La vida cristiana no debe estar llena de interrogantes, dudas e incertidumbre. Debemos ver cuando algo es correcto o incorrecto, porque esto nos librará de la obsesión.

El Señor dijo: "El que quiera hacer la voluntad de Dios, conocerá si la enseñanza es de Dios, o si Yo hablo por Mi propia cuenta" (Jn. 7:17). La condición para recibir la luz es buscar la voluntad de Dios. Cuando enfrentemos una situación, no debemos decir gratuitamente que algo está bien ni que está mal. Necesitamos pedirle a Dios que nos conceda Su misericordia, de tal manera que tengamos un profundo deseo de hacer Su voluntad. La obstinación, el egoísmo y la justificación propia, pueden apagar la luz divina. Si anhelamos tener la luz divina, debemos ser sencillos y humildes, no orgullosos ni seguros de nosotros mismos. Que el Señor nos salve día tras día para vivir en Su luz y conocer así lo que es verdadero. Que el Señor nos salve de la mentira y la obsesión.